CA DAO VIỆT NAM

Books by John Balaban

POETRY

After Our War (University of Pittsburgh Press, 1974)
Blue Mountain (Unicorn Press, 1982)
Words for My Daughter (Copper Canyon Press, 1991)
Locusts at the Edge of Summer (Copper Canyon Press, 1997)

TRANSLATION

Vietnam: A Traveler's Literary Companion [with Nguyen Qui Duc]
    (Whereabouts Press, 1996)
Spring Essence: The Poetry of Hồ Xuân Hương (Copper Canyon Press, 2000)
Ca Dao Việt Nam: Vietnamese Folk Poetry (Copper Canyon Press, 2003)

NONFICTION

Vietnam: The Land We Never Knew (Chronicle Books, 1989)
Remembering Heaven's Face (University of Georgia Press, 2002)

FICTION

The Hawk's Tale (Harcourt Brace Jovanovich, 1988)
Coming Down Again (Simon & Schuster/Fireside, 1989)

ƆA DAO VIỆT NAM

Vietnamese Folk Poetry

translated by *John Balaban*

Copper Canyon Press
A Kage-an Book

Cover art: *Greeting at the Mid-Autumn Festival,* traditional woodblock print

Copper Canyon Press is in residence under the auspices of the Centrum
Foundation at Fort Worden State Park in Port Townsend, Washington.
Centrum sponsors artist residencies, education workshops for Washington
State students and teachers, Blues, Jazz, and Fiddle Tunes festivals, classi-
cal music performances, and the Port Townsend Writers' Conference.

LIBRARY OF CONGRESS CATALOGING-IN-PUBLICATION DATA
Ca dao Việt Nam
Vietnamese folk poetry / translated by John Balaban.
    p. cm.
ISBN 1-55659-186-1 (Paperback : alk. paper)
1. Folk poetry, Vietnamese—Translations into English. 2. Folk poetry,
Vietnamese. I. Balaban, John, 1943– II. Title.
PL4378.65.E5C3   2003
398.2'09597—DC21

                                                            2003002510

9 8 7 6 5 4 3 2
FIRST PRINTING

Kage-an Books (from the Japanese, meaning "Shadow Hermitage" and
representing the "shadow work" of the translator) presents the world's
great poetic traditions, ancient and modern, in vivid translations under the
editorship of Sam Hamill.

COPPER CANYON PRESS
Post Office Box 271
Port Townsend, Washington 98368

www.coppercanyonpress.org

Sông Lô một giải trong ngần,
Thảnh-thơi, ta rũ bụi trần cũng nên.

The Lô waterfalls are clear, free, and high.
We shake off the jacket of the dust of life.

Contents

Preface to the Revised Edition

In the fall of 1971, as the war raged in the countryside, I returned to Sàigòn on a Younger Humanist Fellowship from the U.S. National Endowment for the Humanities to collect on audiotape the oral poetry that appears in this book.

A few years earlier, I had completed alternative service to the military by working for a humanitarian agency that treated war-injured children. Finally discharged and back home, like millions of other young men returned from that war, I hoped to put it behind me, to start over. I began a university teaching job. I got married.

But Việt Nam was not, of course, easy to forget. Along with memories of searing violence and mayhem, the beauty of Việt Nam would often well up in my thoughts in unexpected moments. At a dinner party with academic colleagues or driving along a Pennsylvania highway, I would suddenly remember sitting on a bench under rustling banana leaves in one of those family gardens that farmers keep behind their thatched homes, *sau hè,* as someone started to sing a song to herself off in the orchard. Or at a ferry crossing, listening to a blind singer as he played a six-steel-stringed guitar to a circle of farmers waiting, like me, for the boat to come back.

At the time, I had no idea what I was hearing. Later, when I had started teaching, a friend at Dispatch News in Sàigòn mailed me some little poems that she asked me to translate. She said one of the office workers had told her that if you wanted to understand Việt Nam with any depth, you had to know these poems, these *ca dao* oral folk poems composed by Vietnamese country folk for hundreds of years, and passed down over the generations by song.

Years before, as a college student, I had learned some Greek and Latin, and Old English. What I knew of oral poetries implied that they were narrative, epical, and artifacts of a poetic past, such as the *guslar* poetry of modern Yugoslavia recited into the twentieth century and described in Alfred Lord's marvelous *Singer of Tales*. Were the poems that my friend had sent me the same as the songs I had heard in the countryside? Were they samples from a living, oral tradition of lyric poetry still being sung in Việt Nam and unknown in English? And, if Vietnamese were still singing these poems, would this cultural tradition survive the war's disruptions of rural society, as millions fled the ravaged countryside to the relative safety of the swollen city slums and shantytowns?

Were these poems, if one could actually go and gather them, indeed a key of some kind to Vietnamese cultural life and identity? In the sixth century B.C., Confucius collected the then-current oral folk poems of China in the *Shihching,* noting that such poetry served "to stimulate the mind, train the observation, encourage social intercourse, and enable one to give vent to his complaint." In other words, a kind of key to popular culture. But assuming that *ca dao* were still being sung, how could I attempt to collect them with a war going on in the countryside?

Renting an apartment from a family in Sàigòn in September of 1971, I made contacts with a few people from the various dialect areas in the South. Some of them were friends from my earlier alternative service, some were new acquaintances, but all were interested in *ca dao*: a Buddhist monk, two high school teachers, a former mandarin from the last imperial court, a Christian missionary translating the Bible into Mường, and a missionary-linguist with a vast understanding of the evolution of Southeast Asian languages. Following their advice made my travels into the war zones both safer and more productive.

In October, I made my first foray from Sàigòn. Traveling by public bus, pedicab, and two river ferries to a remote island in the Mekong Delta, I met Lê Văn Phúc, a thin, wistful, gentle monk who seemed interested in my project. For two weeks, led by Đạo Phúc, with a tape recorder in my bookbag, I walked up to farmers, housewives, boat builders, fishermen, seamstresses, herbalists, and older sisters minding their siblings. "Would you sing your favorite poems?" I asked. To my surprise and delight, they did, permitting me entry to a vibrant world beyond the war.

That year I made ten such journeys into various parts of the South, taping whoever would speak to an American, recording usually at night when the singer's day work was done, taping by kerosene lamp, running my recorder on batteries, often picking up mortar and rifle fire in the background as these lone voices sang poetry they had learned from song. Almost all of the poems that follow were recorded that year. Most of them had never been written down before *in Vietnamese,* much less translated into a foreign language. Indeed, the 1974 edition of this book, from Unicorn Press, was the first book of *ca dao* to appear in any Western language. Since then I have learned a bit more about the tradition and have included subsequent research here in a new introduction.

The forty-nine poems in this volume represent a sampling of the 500 or so poems I taped in my nine months of travels into the countryside in 1971 and '72. They are a cross section of *ca dao* that Vietnamese in the South were singing in that year of the war, a small sampling of a vaster, ever-changing body of poetry that spans the centuries and the length of Việt Nam.

Đi ra một ngày, về một sàng khôn, goes a village proverb I gathered with these poems: "Go out one day, come back with a basket full of knowledge."

John Balaban
North Carolina State University, Raleigh

CA DAO VIỆT NAM

Introduction

The southern Mekong, like the Mississippi, runs flat and muddy. The thatched villages, which climb up on stilts of coconut tree trunks above the river's tidal shores, look as if they have been there forever and as if they could be washed away in one night's flooding. From its sources in the mountain jungles of Tibet, China, Burma, Laos, and in the great Cambodian Lake—the Tonle Sap near the ruins of Angkor Wat—the river loops and forks through nearly 3,000 miles. In Việt Nam, its branches are called Cửu Long, The Nine Dragons. Like a dragon, the river is both ancient and mysterious. Sunk in its mucky shallows above Mỹ Tho about sixty miles southwest of Sàigòn are the rib remnants of two huge ships. If legend is correct, they have been there since A.D. 1177 and were part of the great fleet that the Hinduized state of Champa launched into the South China Sea to attack the Buddhist state at Angkor Wat—by sailing through hundreds of miles of open sea to the mouth of the Mekong, winding upriver until they reached the Tonle Sap where they sacked and burned Angkor. The river gives up few of its tokens, but every now and then they appear, reminding one of how long people have lived along the rivers of Indochina: near another branch of The Nine Dragons in the south of Việt Nam, the French excavated a site and found a cache of Roman coins.

Like dragons, the great rivers of Việt Nam—the Red and the Black in the north, the Perfume in the center, and the Mekong in the south—give nurture and good fortune, for it is along the alluvial plains of their many tributaries that the Vietnamese have prospered over the long centuries in an agricultural civilization that may date as far back as the Đông Sơn culture of 2000 B.C. In the West, we often measure civilization by physical monuments: cathedrals, castles, ramparts. In Việt Nam, swept by annual monsoons, agrarian dynasties with a cultural continuity of millennia have left few monuments more enduring than the oral poetry and song known today as *ca dao*.[1]

Ca dao are always lyrical, sung to melodies without instrumental accompaniment by an individual singing in the first person, not the narrative third person of traditional oral, epic poetry in the West. The range of *ca dao* includes children's game songs, love songs, lullabies, riddles, work songs, and reveries about spiritual and social orders. No stories are plotted. The singer, to quote Confucius, merely "gives vent to his complaint." Usually the poems are quite brief. Lyrics complete in one couplet are common, creating a fourteen-syllable construct shorter even than the Japanese haiku. But the form also invites a stringing together of couplets linked by internal rhyme, as in *ca dao*'s greatest *written* manifestation: the

---

1. *Ca dao* (pronounced "ka zow" or "ka yow") is probably a term borrowed from the Chinese "Ko Yao"(歌謠), a term in use in China since the third century B.C., indicating oral poems sung in chorus and poems sung alone. Much of Vietnamese literary terminology has been borrowed from Chinese in the way that English has borrowed from, say, classical Greek or Renaissance Italian. *Ca dao* themselves are purely Vietnamese in origin.

3,254 lines of Nguyễn Du's classic, *Truyện Kiều* (*The Tale of Kiều*), of 1813.

Vietnamese, similar in some respects to Chinese, belongs however to the Mon-Khmer language family of the Austro-Asiatic phylum.[2] The linguistic habits of the language allow aspects of syntax that may seem strange to speakers of Indo-European languages like English. For instance, in the poetry, as in everyday utterances, there are no time-markers built into the verbs to indicate past, present, or future. Such time relations are created by context or by the presence of words such as "yesterday," "today," "not yet," or "already." In poetry, with its compression and brevity, such time-marking words are often dropped out. Without time-markers, the poetry is in effect eternalized in the mind of the listener. Thus, the syntax of the poetry can sometimes imbue a time-lessness to its content. Contrary to the English poem in which a poet tries to identify a moment, place, or event with an exactitude that can transcend the particular into the universal, some *ca dao* may seem more like a pre-existing eternality. This makes sense of the proverb "there's a poem to prove it, too," which as an appeal to authority might seem to us absurd.

Another special feature of the language is word tone. Depending on the dialect, there are five or six pitches or tones that can apply to any syllable to render it a word. In writing, these tones are indicated by diacritical marks in the *quốc-ngữ* roman alphabet, or "national script." Every syllable in the language carries one of these tones, each establishing the

2. See David Thomas and Robert K. Headley Jr., "More on Mon-Khmer Subgroupings," *Lingua* 25 (1970), p. 404.

meaning of the syllable. (Most words in Vietnamese are monosyllables.) For example, the form /la/ can hold six separate meanings depending on the tone employed:

> *la*: "to shout" (high level tone)
> *là*: "to be" (falling tone)
> *lả*: "tired" (falling-rising tone)
> *lã*: "insipid" (high-constricted, broken tone)
> *lá*: "leaf" (high-rising tone)
> *lạ*: "strange" (low-constricted tone)

In the basic couplet form below, called a *lục bát* (or "six-eight"), an eight-syllable line follows and is linked to a six-syllable line:

> Hỡi cô   tát   nước bên đàng.
> Oh, girl bailing water by roadside,
>
> Sao   cô múc ánh trăng vàng đổ   đi?
> Why (girl) ladle light moon gold pour out?
>
> (Oh, girl, bailing water by the roadside,
> why pour off the moon's golden light?)

Syllables may be added or dropped in actual singing, often for vocal ornamentation, but all *ca dao* observe rules of meter and rhyme.[3] While tones fall at random in speech or in prose, in poetry the tones are regulated to fall at certain feet in the prosodic line. The second, sixth, and eighth syllables of each

---

3. In the poems that follow, I have taken care to break lines *as sung* and to leave in any "extra" syllables inserted deliberately or by accident, rather than normalize the forms.

line must be "even" tones (*la* or *là*, in the above), whereas the fourth syllables must be any one of the other tones, which are all considered "sharp."

Rhymes properly fall only on words that have even tones, but these words cannot be the *same* even tone. In the couplet above, the sixth and final syllable of the first line (*đằng*) rhymes with the sixth syllable of the next line (*vàng*). The eighth syllable of the second line (*đi*) is a potential new rhyme that the singer could use to start linking in any number of additional couplets, folding in new rhymes each time. All this is retained in the oral poet's ear. While it might seem a complex construct for composers who do not read or write, the six-eight couplet is only one of several prosodic forms available, although the most commonly employed.

THE MUSIC OF CA DAO

Adding to the richness of the poetry are the melodies to which the poems are complexly inseparable. In playing my tapes for the renowned musicologist Professor Trần Văn Khê of the National Center for Scientific Research in Paris, I learned that *ca dao* are sung to ditonic, tritonic, tetratonic, and pentatonic scales with the latter scale the most frequent.[4] Furthermore, according to Professor Khê, the melodies themselves are embellishments or extensions of the linguistic pitch patterns set up by the word choices.[5] The numerous, but finite, patterns of linguistic word tone that occur in the poetry give the musical melodies their shapes. Often these melodies

4. Trần Văn Khê, *La Musique vietnamienne traditionelle* (Paris: Presses universitaires de France, 1962).
5. Trần Văn Khê, "Bàn về ảnh hưởng của ngôn ngữ trong nét nhạc dân ca Việt Nam" (Linguistic directives in the musical structures of Vietnamese folk songs), *Tập san Liên hiệp Trí thức* (Paris: Hội Liên hiệp Trí thức Việt Nam tại Pháp, 1971).

Love Lament

Transcribed by Caroline Card

are unfixed, "singing without song," or cantillations, a term applied to the early religious music of the West.[6] It is this wedding of music to meter that is the main mnemonic device that carries these poems across the centuries on the voices of people who rarely write them down.

Opposite is an example of how one of the *ca dao*, "Love Lament," appears in musical notation.

SYMBOLS USED IN TRANSCRIPTION

(⸱) indicates the actual pitch of the first note. The transcription that precedes is transposed accordingly for convenience of notation.

↑ over or under a note indicates a pitch slightly higher than that normally indicated by that note.

↓ over or under a note indicates a pitch slightly lower than that normally indicated by that note.

(♪) indicates a glide from one pitch to the next. The note in parentheses ⌒ indicates the duration of the glide.

✗ indicates a nonvocal sound of indeterminate pitch.

Metronome markings indicate approximate relative durations of pitches only and do not imply pulse.

Flats and sharps found at the beginnings of staves indicate consistent pitch alterations only and do not imply a sense of key or tonal organization.

---

6. Solange Corbin, "La Cantillations des rituels chrétiens," *Revue de musicologie,* Vol. xlvii, July 1961: pp. 3–36. For application to Vietnamese music, see Trần Văn Khê, "Musique bouddhique du Việt-Nam," in Jacques Porte, *Encyclopédie des musiques sacrées* (Paris: Labergerie, 1968), Vol. 1. pp. 222–240.

When I arrived in Sàigòn in September 1971, I tried recording with two student folksinging groups. It was a disaster. Both groups sang *ca dao* that had been written down and set to Western scales for accompaniment by piano or guitar. Both groups were large—one had ten singing at one time; the other, eighty—and both had the same limited repertoire of about twenty, chorally arranged *ca dao*. I despaired of finding a live oral tradition even before one of the choral leaders told me flatly that the oral tradition no longer survived.

Or so it seemed. In 1971, in South Việt Nam, to many literate, city-bred Vietnamese, cut off from rural cultural life by the dislocations of the war, *ca dao* had become quaint artifacts found in songbooks. But in the countryside, even during the war, *ca dao* was alive. Indeed, two weeks later, less than sixty miles from Sàigòn, I was recording *ca dao* with farmers in Kiến Hòa province.

The rural population of Việt Nam, as ever, represents almost 90 percent of the total population, and it is here that *ca dao* prospered in 1971 and prospers now. Since the end of the war, dozens of fine collections of *ca dao* have been gathered by scholars freed to return to their chosen pursuits, from comprehensive ethnographic studies for a single province such as *Dân Ca Hậu Giang* (*Folk Songs from Hậu Giang Province*) to humorous collections such as *Trai và Cò* (*The Oyster and the Egret*) or scholarly examinations of the prosodic forms as in Phan Diễm Phương's *Lục Bát và Song Thất Lục Bát* (*The Six-Eight and Double Seven/Six-Eight Meters*). Some scholars, like Nguyễn Quang Hồng of the Institute of Ancient Chinese and Vietnamese Scripts, have begun to look at the *ca dao* of preceding centuries written in the nearly extinct *Nôm* ideogrammatic system.

Indeed, the conditions for nurturing *ca dao* lyrics are not the din and rush of the city, or the entertainments of radio or television, or even the power of literacy. *Ca dao* prospers among people who do not have easy access to writing or electronic media. It prospers in villages where the lone singer can hear his or her voice against the drone of crickets, the slap of water, or the rustling of banana leaves in the wind. *Ca dao* are part of the rhythm of country life. In my ventures of thirty years ago, I recorded children and adults during the day when they took breaks from farming or boat building. At night, by kerosene lamp, typically I would start taping with one person and then perhaps eight or so neighbors would gather, joke about my microphone, sit down with us on the floor, and urge another to begin singing. The lyrics that one person sang would remind him of more, and, as others were reminded of poems they knew, the singing would shift from one person to another until it was time for bed.

In nine months, I recorded about thirty-five singers, men and women and children, who gave me about 500 lyrics. (Approximately 5,000 *ca dao* are thought to be alive at any given time.) The youngest was a boy of five; the oldest, a woman well into her seventies. While the age range was considerable, with enough youngsters to indicate that the tradition was still being carried on, most of my recordings came from half a dozen men with wide repertoires of several hundred poems each. As to age and occupation, they included a nineteen-year-old farmer-monk from the Mekong Delta and a seventy-year-old former palanquin bearer for a mandarin of the last imperial court in Huế. From these thirty-five singers, I gathered love laments, songs about birds and beasts, poems of social protest and social order (usually renegotiating Confucian obligations), patriotic poems, lullabies, courting songs with male and female replies, and children's game songs. I succeeded best when I had the help of someone who knew the dialect and the singers. Without local help, I could not have completed the project. Most of the poems had never been written down before in Vietnamese, and this essential task was simply beyond my abilities in the language.

A foreigner coming to this tradition has difficulty assessing individual lyrics. How does one — how do Vietnamese? — recognize a poem as good or bad? One can only say with certainty that *ca dao* lyrics tend to perfection as singers polish what is transmitted to them before passing it on to others. Perhaps because they have had many makers, the oldest *ca dao,* now preserved in books, seem jewel-like.[7]

If it is axiomatic that poems are likely to be good if they are sung widely and across generations, how can one foretell which will endure? Are the aesthetic assumptions of a Westerner (supposing such assumptions can be generally described) the same for a Vietnamese? How do subject matter, performance, prosodic technique, and regional preferences work to recommend some lyrics more than others?

For instance, both lyrics that follow are political. The first was sung by a thirty-eight-year-old farmer; the second by a nineteen-year-old. Both were from the center of the Mekong Delta.

> Sông Sàigòn chảy dài Chợ Cũ,
> Nước mênh mông nước đổ phù sa.
> Ngọt ngào ngọn lúa bát ngát hương (thơm)
> Hương lúa của quê nhà (hò hò);
> Hướng về quê mẹ đậm đà tình thương.

7. The first modern compendium is Nguyễn Văn Ngọc's *Tục Ngữ Phong Dao* (Hà Nội: Bốn Phương, 1928).

The Sàigòn River slides past the Old Market,
its broad waters thick with silt. There
the rice shoots gather a fragrance,
the fragrance of my country home,
recalling my motherhome, stirring deep love.

The second poem, included here for the first time, is as follows:

Hận Mỹ-Ngô ngàn năm còn nhớ mãi.
Bảy năm rồi tàn phá nước Nam ta.
(Cho) nên anh vác súng xông pha.
Phận em là gái cửa nhà ruộng nương.

Hatred for Diệm-Americans will last a thousand
    years.
Seven years now of laying waste our southern land.
So I must shoulder a gun and head for the fighting.
Your fate is a girl's: house, garden, and fields.

When I played the tape for two *ca dao* singers in Huế, they said they liked the first poem and that they disapproved of the second. "Because of its politics?" I asked. "No," they agreed, "because the politics are too obvious." The first poem, they pointed out, was political, too, playing on the notion of smelling one's native place in the steam coming off a bowl of rice — in a country that once exported rice and now had to import American-grown rice to feed its people.

Similar questions of audience arise with the poems I have entitled "Across the Field of the Old Corporal" and "The Girl with the Bình Tiên Hairdo."[8] Who's the Old Corporal?

8. *Ca dao* have no titles. I have invented all titles to serve an English audience.

What's a Bình Tiên hairdo? When we make aesthetic judgments about an English poem, we are often asking how universally affecting is the poem—i.e., how many people it draws in. Many *ca dao* lyrics, on the contrary, may have value for their audiences because of the particularity of their landscapes and the people contained in them. It may be their exclusive, rather than their inclusive, aspects that are valued.

ORIGIN AND DEVELOPMENT

My question "How did you learn the poem?" usually seemed a bit odd to the singers. (Although, at the same time, my interest in *ca dao* never seemed strange to them, since poetry is central to Vietnamese culture.) When pressed, singers would pause and say something like, "Oh, I heard it from my mother, who sang it around the house"—around the house, as routine as the chickens, or the sound of wind in the palms, or the voices of relatives. Of the thirty-five people I recorded that year, only one told me he had composed the poem himself. Everyone else was just passing a poem along. No one claimed to have set out to "learn" a poem.

Where did all this singing start? How old is the *ca dao* tradition? Clues from individual poems hidden in lines such as "In the Year of the Dragon, God sent down a flood" (i.e., 1904), or those holding a reference to the "coins of Vạn-Lịch" (minted 1619–1643), only reveal that the poems could not have been composed *before* those dates. More revealing, clues from the wordstock of *ca dao* indicate few Chinese borrowings, suggesting a native origin for the folk poetry, unlike the literary poetry with its strong Chinese influences. Indeed, modern scholars generally agree that *ca dao* represent a native tradition.[9] But how long have Vietnamese been composing *ca dao*?

Looking at the parallel singing tradition of the Mường ethnic group suggests that Vietnamese have been singing *ca dao* for more than 1,000 years, and probably much longer.[10] In 1972, I recorded some singers of a Mường minority group living near Ban Mê Thuột in Central Việt Nam. Knowing that the Mường and Vietnamese languages are 67 percent cognate, indicating through lexico-statistic dating a common language until about 1,000 years ago, I wanted to see if the various prosodic structures and singing habits of *ca dao* existed as well among the Mường, described as more archaic in their cultural habits than the Vietnamese, whom the Mường —making a separation between their upland selves and the lowland Vietnamese—call *mọl chợ,* "the market people."[11] Indeed, in my Mường recordings and in the transcriptions made by Milton Barker of the Summer Institute of Linguistics, one can find all the traditional Vietnamese forms of *ca dao* (such as the six-eight, double seven, and double seven/ six-eight meters), suggesting a common origin, perhaps one that evolved from a Mon-Khmer singing tradition as old as the 4,000-year-Đông Sơn culture and the ancient origins of the Vietnamese.

9. Lê Thành Khôi "La Chanson populaire vietnamienne," *Lettres nouvelles,* March 1954: p. 430. Dương Đình Khuê, *La Littérature populaire vietnamienne,* p. iii. Trịnh Huy Tiến, *La Personnalité culturelle du Vietnam,* p. 30.

10. For a more detailed discussion of this and other questions of development, see my "Vietnamese Oral Poetry," *Literature, East & West,* Vol. XVI, No. 4, April 1975: pp. 1217–1243.

11. Jeanne Cuisinier, *Les Mường* (Paris: Institut d'ethnologie, Univ. Paris, 1946), pp. 446, 562–569. See also Nguyễn Tu Chi, "A Mường Sketch," *Vietnamese Studies,* No. 32, Ethnographic Data, Vol. 1. (Hà Nội: Xunhasaba, 1972), p. 67. And Lê Văn Hảo, "Ethnological Studies and Researches in North Vietnam," *ibid,* p. 15.

The uses of *ca dao* extend well beyond the countryside. The oral poetry has always fed the written literature, as it does today in the literary fiction and poetry of postwar Việt Nam. Even ordinary people with public school educations often choose the forms of *ca dao* when they want to write poetry. During the war, for example, North Vietnamese soldiers sent *ca dao* to each other, writing them down in their standard-issue notebooks, crammed with copies of letters home, with medical records, with commendations, and with technical instructions for things such as how to figure a mortar's trajectory. These notebooks were taken from them when they were captured or killed, and then photographed in Sàigòn for whatever military intelligence they might contain. A huge trove of these notebooks was collected by the Combined Document Exploitation Center on Tân Sơn Nhứt airbase and now, declassified, can be read on microfilm. Here is a poem written in *ca dao* meter by Lê Ngọc Hiệp, who fought for eighteen years with the Ninth Battalion of the 101st NVA Regiment. He died near Tây Ninh in South Việt Nam in March 1970. In his notebook, along with a picture of his wife, was a poem he had written to a fellow soldier and village friend. When he thinks of their returning in peace to their home village, he thinks of hearing *ca dao*.

> When I got back to base
> I sensed something had happened.
> They said you went to hospital
> and my heart was torn and sad.
> I always think of you, Bùi Hữu Phái.
> Your life runs out like a red silk banner.
> Your many friends are waiting,

anxious for news about you.
Dear brother, my feelings well up
and I wish so much to see you.
Stronger than oceans or mountains,
because mountains fall and seas dry up,
My feelings for you endure.
My feelings for you, unshakable.
You and I must keep safe
And march home in victory soon.
I came to Hà Tây on the first ship,
Nurturing this dream, not losing heart.
Perhaps we mustn't dream about life.
Life is now too hard, dear brother.
So many dreams float in the air.
The more I think, the sadder I get.
How can one find his way to the future?
I think of you and weep these long nights.
I think of us chatting in an immense dusk,
listening to poems sung in the evening,
the two of us drinking tea together.
Wouldn't that be a happy moment?
These images seem so real in this poem,
But right now they're hard to believe
As I hold this pen and write you.

THE TRANSLATIONS

Translating *ca dao,* to borrow a metaphor from the late literary and cultural critic Nguyễn Khắc Viện, "is like drawing a bucket of water from a well where the moon is mirrored and unavoidably losing the silvery shine of her light." No translator can convey the musical melodies, so essential to the poems. Nor can an English translator convey the pattern of word tones, so essential to the language. One can only hope, through the play of rhyme and meter and imagery, to give some inkling of the vast, ongoing tradition.

This small sampling represents *ca dao* sung during one year in the south of Việt Nam, as the war dragged on, sometimes invading my tapes with rifle and mortar fire. As it says in one of the poems that follow, "Go on, have a look at the sun's face, at the moon's." Take these poems as a guide to a world of Taoist sages, parted lovers, melon gardens, concubines, exiled kings, wheeling egrets, rice paddies, bamboo bridges, fish traps, and shimmering moons.

BALABAN

Linked Verses

The wind plays with the moon; the moon with the wind.
The moon sets. Who can the wind play with?

The wind plays, plays with the moonflower.
The bud is yours, but the blossom is mine.

The wind plays through watercress and chives.
A pity that you have a mother, but no father.

The wind plays. How can one please a friend's heart?
The Milky Way is shallow in places, in some places, deep.

Gió đưa trăng thì trăng đưa gió,
Trăng lặn rồi gió biết đưa ai?

Gió đưa. Gió đẩy bông trang,
Bông búp về nàng; bông nở về anh.

Gió đẩy đưa rau đưa lá hẹ.
Cảm thương nàng có mẹ không cha.

Gió đẩy đưa sao vừa lòng bạn.
Sông Ngân Hà khúc cạn khúc sâu.

The Colonial Troops Transport

The troopship whistles once. I still waver.
It whistles twice and I step into the boat.
Three times, and the troopship pushes north.
I grip the iron rail, my tears streaming
as I ask the helmsman for a rag.
Now the husband is North; the wife, South.

Tàu xấp lê một, anh còn dùng còn thẳng.
Tàu xấp lê hai, anh bước cẳng xuống tàu,
Tàu xấp lê ba, tàu ra bến bắc.
Tay vịn song sắt, nước mắt nhỏ ròng ròng.
Kêu bớ chú tài công đem khăn bàng long chùi nước mắt.
Cơ hội này chồng Bắc; vợ, Nam.

The Sàigòn River

The Sàigòn River slides past the Old Market,
its broad waters thick with silt. There
the rice shoots gather a fragrance,
the fragrance of my country home,
recalling my motherhome, stirring deep love.

Sông Sàigòn chảy dài Chợ Cũ,
Nước mênh mông nước đổ phù sa.
Ngọt ngào ngọn lúa bát ngát hương (thơm)
Hương lúa của quê nhà (hò hò);
Hướng về quê mẹ đậm đà tình thương.

The Pole at the Village Pagoda

A lantern sways from the Banner Pole.
The east wind rattles its panes.
My love for you is deep-aching, endless.
In the tipped dish, I grind ink for a poem:
a poem... three or four, saying
Wait for. Hope for. Remember. Love.

Đèn treo cột phướng gió chướng lồng đèn rung.
Anh thương em thắm-thiết vô cùng.
Đĩa nghiêng mài mực tạm dùng câu thơ.
Câu thơ ba bốn câu thơ:
Câu đợi, câu chờ, câu nhớ, câu thương.

Coins of Vạn-Lịch

Vạn-Lịch coins have four words.
I regret loving you.
You're another's wife, never to be mine.
One hundred areca nuts, a thousand gold sheets.
Half to burn for you, my sweet.
The other five hundred to release our oath,
the vows you so easily spoke.
The lock's broken, but who had the key?
You no longer listen to me.
When we pass, you hide your face.

Đồng tiền Vạn-Lịch thích bốn chữ vàng,
Anh tiếc công anh gắn bó với cô nàng bấy lâu.
Bây giờ cô lấy chồng đâu?
Để anh giúp đỡ trăm cau, nghìn vàng.
Năm trăm anh đốt cho nàng,
Còn năm trăm nữa giải oan lời thề.
Xưa kia nói nói, thề thề,
Bây giờ bẻ khoá, trao thìa cho ai?
Bây giờ nàng đã nghe ai?
Gặp anh ghé nón, chạm vai chẳng chào?

Leaving the Village

Even when cross planks are nailed down,
bamboo bridges are shaky, unsound. Hard going.
Hard going, so push on home to tidal flats to catch crab,
to the river for fish, to our sandy patch for melons.

Ví dầu cầu ván đóng đinh,
Cầu tre lắc lẻo gập ghình khó đi.
Khó đi, khó đẩy, về rẫy ăn cổng;
Về sông ăn cá, về giồng ăn dưa.

Harmony in the Kingdom

When the rice fields lie fallow,
lying on the back of my buffalo, I play the flute.
People are happy with a Thuấn-Nghiêu king
whose bright mind spreads over land like the wind.
The Lô waterfalls are clear, free, and high.
We shake off the jacket of the dust of life.

Bao giờ đồng ruộng thảnh-thơi,
Nằm trâu thổi sáo, vui đời Thuấn, Nghiêu.
Mừng nay có chủ Thuấn, Nghiêu,
Mưa Nhân, gió Huệ thảy đều muôn dân.
Sông Lô một giải trong ngần,
Thảnh-thơi, ta rũ bụi trần cũng nên.

Autumn

Autumn rains blow.
Autumn rains flow.
Leaves slowly fall.
Dead reeds waver.
Blue water surface like smooth paper.
Near the waterfall, fish schools leap.
My lover stands where the bank is steep.

Lác-đác mưa ngâu,
Sình-sịch mưa ngâu.
Lá ngâu rụng xuống,
Bông lau phất cờ.
Nước trong xanh, lặng ngắt như tờ,
Một đàn cá lớn nhấp-nhô đầu ghềnh,
Kìa ai đứng ở đầu ghềnh.

Love Lament

Stepping into the field: sadness fills my deep heart.
Bundling rice sheaves: tears dart in two streaks.
Who made me miss the ferry's leaving?
Who made this shallow creek that parts both sides?

Bước xuống ruộng sâu man sầu tấc dạ.
Tay ôm bó mạ nước mắt hai hàng.
Ai làm lỡ chuyến đò ngang.
Cho sông cạn nước đôi đàng biệt ly.

Complaining about the Second Wife

A breeze stirs banana leaves behind the house.
You're crazy about your second wife and neglect our children.
The children—well, with one on each arm,
how should I draw the water or rinse the rice?

Gió đưa bụi chuối sau hè.
Anh mê vợ bé bỏ bè con thơ.
Con thơ tay ẵm, tay bồng,
Tay nào xách nước, tay nào vo cơm.

The Body Is Pain

At the outpost now for three years,
by day, on guard. My nights the mandarin plans.
Clearing bamboo, slashing wood stands.
The body is pain. I can't complain.
My food is bamboo shoots and plums.
My fuel and friends are the bamboo.
In the well, one fish swims alone and free.

Ba năm trấn thủ lưu đồn,
Ngày thì canh điếm, tối dồn việc quan.
Chém tre, đốn gỗ trên ngàn,
Uống ăn kham khổ biết phàn nàn cùng ai?
Phàn nàn cùng trúc, cùng mai,
Cùng cây lim táu cùng cây ngô-đồng.
Nước giếng trong con cá nó vẫy vùng.

The Red Cloth

Sad, idle, I think of my dead mother,
her mouth chewing rice, her tongue removing fish bones.

The Red Cloth drapes the mirror frame.
Men of one country should love one another.

Ngồi buồn nhớ mẹ ta xưa:
Miệng nhai cơm trắng lưỡi lừa cá xương.
Nhiễu điều phủ lấy giá gương.
Người trong một nước phải thương nhau cùng.

Lullaby

Little one, go to sleep. Sleep soundly.
Mother's gone to market. Father plows the fields.
For rice and clothing. So the land yields a good home.
Study hard, little one, grow up
to tend our native place, these mountains and rivers.
Become worthy of our Lạc-Hồng race
so our parents' faces can widen in smiles.

Em ơi, em ngủ cho say.
Mẹ còn đi chợ, cha cày đồng xa.
Mẹ cha vất vả vì ta.
Lo cơm lo áo cho nhà yên vui.
Lớn lên cố học, em ơi,
Sao cho xứng đáng là trai Lạc-Hồng.
Trước, là giúp ích non sông;
Sau, là đẹp mặt thoả lòng mẹ cha.

The Ship of Redemption

The bell of Linh Mụ Pagoda tolls,
awakening the drowsy soul,
probing, reminding us of karmic debt,
washing us clean of worldly dust.
A boat crosses to the Western Peace.

Thức tỉnh hồn mê tiếng chuông Linh Mụ,
Dặn dò nợ trần duyên rửa sạch.
Qua đò đã tây phương.

A Tiny Bird

A tiny bird with red feathers,
a tiny bird with black beak
drinks up the lotus pond day by day.
Perhaps I must leave you.

Con chim nho nhỏ,
Cái lông nó đỏ,
Cái mỏ nó đen,
Nó uống nước ao sen ngày cạn.
Cơ hội này anh đành đoạn bỏ em.

Talking about Birds

Listen. Listen here, all about birds and beasts:
Sexy and alluring? That's the little Moorhen.
Manner offends? That's nasty Cormorant.
Slaves like an ant? Yes, the traveling Teal.
Straining to overhear? Drongos snoop in trees.
Shaky in its knees? The skinny, brown Egret.
Stays at home each night? It's cowardly Snipe.
Hungry for their tripe, the Pelicans carouse.
Hungry by the house? There, the darting Larks.
Poling a shallow bark? Peacock plies his art.
Red crest, blue feathers? That's a jungle Pheasant.
Bickering unpleasant? The sneaky Plover.
Got a magic Book of Colors? The Soothsayer Hawk.
Never married, never caught. That's Wanderer Grebe.
Mate long since dead? The poor Widow-Wed.
Heart as thick as lead? That's the teasing Jay.
Eggs, but won't lay? Duckbirds live that way.

Sitting around, talking about kinds of birds;
offspring grow up and look for each other.
See, the Weaver is clever and wise.
The Owl nests only at the edge of the island.
Watch: the Magpies have brought some news;
if they hover then call, our sisters are coming.
But Crows, really, are just like us, cawing
from far off, "Wash up. The journey's over."

Nghe vẻ, nghe ve, nghe vè cầm thú:
Hay quyến hay dụ là con chim Quyên.
Nết ở chẳng hiền là con chim Còng Cọc.
Làm ăn mệt nhọc là con chim Le-Le.
Nghe vẻ, nghe vè là con chim Chèo Bẻo.
Chưn đi khấp khoẻo là con chim Cò Ma.
Tối chẳng dám ra là con chim Mỏ Nhát.
Chim ăn từng vạc là con chim Chàng Bè.
Chim ăn xó hè là con chim Lảnh Lót.
Cẩm sào mà vọt là con chim Công.
Đỏ mỏ xanh lông là con chim Trĩ.
Đánh nhau binh vị là con chim Bò Sau.
Có sách cầm màu là con chim Thầy Bói.
Không ai cưới hỏi là con chim Bông Lông.
Ở giá không chồng là Te Te Hoành Hoạch.
Dạ bền tơ sắt là con chim Chià Vôi.
Có đẻ không nuôi là con chim Vịt.

Ngồi buồn kể các món chim
Nó ăn cho lớn nó tìm nhau đi.
Dòng dọc nó khéo lại khôn.
Con Cú lót ở đầu cồn con cù.
Chim Khách nó đã đem tin:
Nó kêu thì có chị em tới nhà.
Quà Quạ cũng như người ta:
Rủ nhau đi tắm đàng xa mới về.

Venturing Out

Each evening, ducks paddle, egrets fly.
Mister Elephant snaps sugarcane then strides into the forest.
I'll follow to strip rattan for plaits,
fetching them home to make a sling for you to go peddling.
Selling at no loss? Why, that's a profit.
Go on, have a look at the sun's face, at the moon's.

Chiều chiều vịt lội cò bay.
Ông Voi bẻ mía chạy ngay vô rừng.
Vô rừng bứt một sợi mây;
Đem về thắt dóng cho nàng đi buôn.
Đi buôn không lỗ thì lời.
Đi ra cho thấy mặt Trời mặt Trăng.

Mother Egret

Egrets bear egret sons.
Mother's after shrimp. Little one's at home.
Mother Egret has flown far off
to alight... and be roped by Brother Eel!
Nearby, a man poling a bamboo keel
slides through cattails to catch eel and fowl.
Poling clumsily, he rams his prow.
Brother Eel dives. Mother flies off.

Cái cò là cái cò con.
Mẹ đi xúc tép để con ở nhà.
Mẹ đi một quãng đường xa.
Mẹ xà chân xuống phải mà anh lươn.
Ông kia có chiếc thuyền nan,
Chở vào ao rậm xem lươn bắt cò.
Ông kia chống gậy lò dò.
Con lươn thụt xuống; con cò bay lên.

Egret's Death and Funeral Preparations

Egret died the other night.
There's two grains of rice with three coins:
One coin for the flute and drum.
One for fat to burn in homage.
One for leaves of Lady's Thumb;
bring back, slice fine, honor Egret.

Cái cò chết tối hôm qua.
Có hai hạt gạo với ba đồng tiền.
Một đồng mua trống mua kèn.
Một đồng mua mỡ, đốt đèn thờ vong.
Một đồng mua mớ rau răm;
Đem về, thái nhỏ, thờ vong con cò.

Tao

Sad, I blame Mister Sky.
When sad, I laugh. Happy, I cry.
Not a man, in my next life
I'll become a rustling pine
on a cliff in the sky.
Fly with the pines, cool and lonely.

Ngồi buồn trách lẫn ông xanh,
Khi vui muốn khóc, buồn tênh lại cười.
Kiếp sau xin chớ làm người,
Làm cây thông đứng giữa trời mà reo.
Giữa trời vách đá cheo-leo,
Ai mà chịu rét thì trèo với thông.

Kẻ-Mơ Village Girl

I am a Mơ Village girl.
I wander about selling beer, chance to meet you.
Good jars don't mean good brew.
Clothes well-mended are better than ill-sewn.
Bad beer soon sends you home.
A torn shirt, when mended, will look like new.

Em là con gái Kẻ Mơ,
Em đi bán rượu tình cờ gặp anh.
Rượu ngon chẳng quản be sành,
Áo rách khéo vá hơn lành vụng may.
Rượu lạt uống lắm cũng say,
Áo rách có mụn, vá may lại lành.

Across the Field of the Old Corporal

That girl wears her hair in a chicken's tail.
Grab her tail and ask her where she lives.
Her house is under a mulberry tree
near a green bean field, by the bridge,
across the field of the Old Corporal. Oh,
we'll have dried fish, pumpkin, tasty chicken.

Chị kia bới tóc đuôi gà.
Nắm đuôi chị lại hỏi nhà chị đâu.
Nhà chị ở dưới đám dâu,
Ở trên đám đậu, đầu cầu ngó qua,
Ngó qua đám cấy Ông Cai.
Khô cá, bí rợ, thịt gà xé phay.

Difficult Love

The French boats run in the new canal.
If you love me, don't hesitate now.
If you love me, don't question my faith.
The wild goose flies high, difficult to shoot.
The fish in Quỳnh Pond, hard to catch.

    Kinh xáng mới đào,
    Tàu Tây mới chạy.
    Em có thương anh thì thương đại,
    Đừng có nghi-ngại bới-điệu chung tình.
    Con nhạn bay cao anh khó bắn.
    Con cá ở ao Quỳnh anh khó câu.

Phoenixes and Sparrows

Phoenixes compete. So do sparrows.
They call before the shrine and behind the pagoda.
I can use men who are loyal, if not elegant.

Phụng hoàng đua, se sẻ cũng đua.
Chim kêu trước miếu, sau chùa.
Tôi dùng người có nghĩa mà quê-mùa thiếu chi.

Looking Out in All Directions

Looking up at the sky,
I see thick rainclouds.
Looking down into hell,
I see crowds of faces.
Looking over to Phnom Penh,
I see four words inscribed in gold.
Looking down to Cà Mau,
I see breakers thrash and churn.
How long have you loved me?
Do you know that I love you?

Ngó lên trời thấy mây bay vần vũ.
Ngó dưới Âm Phủ thấy đủ mặt ló quan.
Ngó lên Nam Vang thấy bốn chữ vàng.
Ngó xuống Cà Mau thấy sóng bủa lao xao.
Anh thương em hồi thuở bao giờ?
Cho anh có biết em có thương lại
Chút nào hay không?

Whisky Lovers

Soft winds circle the mountain head.
Even whisky lovers were bred by the Jade Lord.
From his gold throne, the Jade Lord
watches them. Down his cheeks huge tears fork and fall.
Because their drinking is merely convivial.
Unaware, a tippler stumbles off into a pond.

Hiu hiu gió thổi đầu non.
Mấy người uống rượu là con Ngọc Hoàng.
Ngọc Hoàng ngồi tựa ngai vàng.
Thấy con uống rượu, hai hàng lệ rơi.
Tưởng là con uống con chơi.
Ngờ đâu con uống con rơi xuống đìa.

Replies

In the long river, fish swim off without a trace.
Fated in love, we can wait a thousand years.

Who tends the paddy, repairs its dike.
Whoever has true love shall meet. But when?

Sông dài cá lội biệt tăm.
Phải duyên chồng vợ ngàn năm cũng chờ.

Ruộng ai thì nấy đắp bờ.
Duyên ai nấy gặp đừng chờ uổng công.

Testing Confucian Obligations

SHE:

King. Father. Mother. Husband. Wife.
Sat down in one boat. Met a storm and sank.
Dearest, I want to know whom you would save?

HE:

Standing before Heaven, I cannot lie.
I would place the King on my head,
Father and Mother on my shoulders,
and say to you, dear wife, "Swim here.
I will carry you on my back—
and with my hands, I'll save the boat."

Vương. Phụ. Mẫu. Phu. Thê.
Ngồi lại một thuyền.
Gặp trận giông chìm xuống.
Em hỏi thăm chàng vớt ai?

Đứng giữa Trời anh nói không sai.
Vương anh đội trên đầu; Phụ Mẫu anh gánh hai vai,
Còn Hiền Thê, em ơi, lợi đây anh
Cõng (hò hơ, lợi đây anh)
Cõng còn hai tay anh vớt thuyền.

The Carp

The stream rills softly. The carp
fans its red tail like a phoenix.
Of all the people in this field,
my heart swells only for you.

Nước chảy re re.
Con cá he xoè đuôi phụng.
Tất cả đám cấy nầy,
Anh đành bụng có mình em.

The Painting

The stream runs clear to its stones.
The fish swim in sharp outline.
Girl, turn your face so I may draw it.
Tomorrow, if we should drift apart,
I will find you by this picture.

Nước trong thấy đá;
Con cá lội thấy hình.
Nầy em ơi quay mặt lại,
Cho anh hoạ cái hình.
Ngày mai có lưu lạc,
Anh lấy hình tìm em.

The Mandarin Who Couldn't Do Anything

Each evening Master Lữ sets his fish traps.
Fish and shrimp leap free.
He just laughs, flashing his teeth.
Each evening, Master Lữ plows his field.
The buffalo bolts and breaks his yoke.
Master Lữ sits down and folds his arms.

      Chiều chiều Ông Lữ đi đăng.
      Cá tôm nhảy hết nhăn răng cười hoài.
      Chiều chiều Ông Lữ đi cày.
      Trâu mang gãy ách, ngồi bờ khoanh tay.

A Woman's Heart

Trang Tử's legendary wife is very much the modern woman.
Her husband wasn't even buried when she broke the coffin seal,
scooping a handful of his brains to feed her lover's strange diet.
Oh, a deep sea and a deep river are easy to fathom.
But a woman's heart, though shallow, is hard to probe.

Vợ Ông Trang Tử là người đàn bà kim cổ.
Chồng chết chửa kịp táng trước linh sàng
Vội lấy búa tay diết neo cứu bạn lang,
Lấy một sọ óc cứu tình nhân cho khỏi bệnh.
Bởi thế nên sông sâu biển thẳm dễ dò.
Lòng người phụ nữ tuy cạn nhưng khó mò cho ra.

Husband and Wife

The oriole eats yellow berries.
A fighting fish knows its bowl.
Husband and wife know each other's smell.

Chim khuyên ăn trái nhãn lồng.
Thia lia quen chậu; vợ chồng quen hơi.

Impossible Tasks

See the sky? Two doves are chasing.
Look into the sea. Two fish race about.
Go back and build an altar for the king.
Construct a smaller one to honor mother.
Then for my father construct a pagoda.
Go about selling the banyan's holy soil.
Sell off two old buffaloes. Then I'll marry you.

Nhìn trên trời thấy cặp cu đương đá.
Dòm xuống biển thấy cặp cá đương đua.
Em biểu anh về lập miếu thờ vua;
Lập trang thờ mẹ; lập chùa thờ cha.
Anh về bán đất cây đa.
Bán cặp trâu già mới cưới được em.

The Girl with the Bỉnh Tiên Hairdo

Oh, that girl with the Bỉnh Tiên hairdo.
Loaded with sardines, my boat heads for our marriage.
If you don't believe me, open a box and look:
mint leaves underneath and, on top, sardines.

Chị kia bới tóc Bỉnh Tiên.
Ghe bầu đi cưới, một thiên cá mòi.
Chẳng tin giở hộp ra coi.
Rau răm ở dưới, cá mòi ở trên.

Wicked Women

Girl, stop pretending tragedy,
curling the tip of your tongue to charm me.
You're no better than the sly Đắc Kỷ
weeping beside her deceived King Trụ.
History is full of that stuff.
A wild pig can be precious.
Wicked women have fickle minds.
The hen needs a cock and leaves her chicks.
The aroused dove abandons her nest.
In the water-palm, the moorhen pecks open her eggs.
You're no better than the female crab
pinching her male when he's lost his shell.

Cô ơi trước mặt tôi cô đừng giở trò bi thiết.
Để uốn ba tấc lưỡi đưa tình.
Chẳng khác nào con Đắc Kỷ nó khóc ở bên mình
      Trụ Vương.
Cô ơi, sách sử còn ghi thiên cổ.
Xà niên khả qui, độc phụ sanh tâm.
Gà chịu trống bỏ bầy con chiu chít.
Cu nọ mê mồi quên mất cảnh xưa.
Cuốc kia mổ trứng bộp dừa.
Chẳng khác nào cua cái hại cua kình khi lột vỏ.

The Singer with a Bad Voice

Sing so dogs bark, oxen bolt,
so a girl walks out on her lover.
Sing so dogs bark, bulls bellow,
so the old coot crawls out of his hut.

Hát cho chó cắn, bò lồng,
Hát cho con gái bỏ chồng mà theo.
Hát cho chó cắn, bò kêu,
Hát cho ông lão trong lều bò ra.

The Arranged Marriage

Mother wanted the dowry of rice,
the huge sow, and Cảnh-Hưng coins,
although I asked her to refuse.
She raved and ranted and made the match.
So now one is low; the other, high.
Like unmatched chopsticks, never equal.

Mẹ em tham thúng xôi đền,
Tham con lợn béo, tham tiền Cảnh-Hưng.
Tôi đã bảo mẹ rằng đừng,
Mẹ hầm, mẹ hứ, mẹ bưng ngay vào.
Bây giờ kẻ thấp, người cao,
Như đôi đũa lệch, so sao cho bằng.

The Homesick Bride

A wind sighs through the flame tree.
So far from home, I can't even eat,
my hunger dulled by secret grief.
I take up my bowl. I put it back down.

Gió đưa cây cửu lý hương.
Từ xa cha mẹ thất thường bữa ăn.
Sầu riêng cơm chẳng muốn ăn,
Đã bưng lấy bát, lại dằng xuống mâm.

The Outpost Soldier

Here are only cliffs and crags,
bird tracks, beasts shuffling, locusts chirring,
and jungle trees rustling their music.
A bird calls out from a gnarled tree.
I've lived in the forest for three years.

Ở đây những núi cùng khe,
Chân chim bóng thú, tiếng ve gọi sầu.
Ngàn lim ve vẩy khúc cầm,
Gốc cây cổ thụ tiếng chim vang lừng.
Ba năm ăn ở trên rừng.

Evening

Each evening, I watch the clouds flying
and curling. My heart's so sad.

Each evening, a loon calls to the evening.
Sad about a friend, I hurt inside.

Each evening I find myself thinking
of someone in white, red scarf on his shoulder.

Chiều chiều ra đứng ngó mây.
Mây bay cuồn cuộn dạ rày bâng-khuâng.

Chiều chiều chim vịt kêu chiều.
Bâng-khuâng nhớ bạn chín chiều ruột đau.

Chiều chiều lại nhớ chiều chiều,
Nhớ người áo trắng khăn điều vắt vai.

The Cat

The cat shattered the casserole.
The dog ran up and got a whipping.
The cat then broke a clay bowl.
The dog, troubled, ran off.

The cat sitting in a high branch
asked Uncle Rat where he was headed.
"Oh, down the road to market to buy
fish and salt for your father's funeral."

Lying on the hearth, the cat yawns and,
spotting a rat pack running by, shakes his
head, wipes his whiskers, calling, "Meow."

Con mèo đập bể nồi rang.
Con chó chạy lại nó mang cái đòn.
Con mèo đập bể nồi bầu;
Con chó nó rầu; nó bỏ, nó đi.

Con mèo ngồi trên cây cau,
Hỏi thăm chú chuột đi đâu vắng nhà.
"Chú chuột đi chợ đường xa,
Mua mắm, mua muối giỗ cha chú mèo."

Mèo nằm giàn bếp vinh râu.
Thấy bầy chuột nhắt, lắc đầu, kêu, "Ngao."

The Concubine

As second wife, I never liked the first,
who locks the door each night and climbs in bed
while I sleep on a mat outside.
At dawn she calls out, "Hey, Two, get up.
Slice potatoes and pound the beans."
Potatoes. Beans. Because my parents were poor.

Thân em lấy lẽ chả hề,
Có như chính thất mà lê giữa giường,
Tối tối chị giữ mất buồng,
Cho em manh chiếu, nằm suông nhà ngoài,
Sáng sáng chị gọi: Ở hai!
Bấy giờ trở dậy, thái khoai đâm bèo,
Vì chưng bác mẹ tôi nghèo,
Cho nên tôi phải đâm bèo, thái khoai.

Bare Rocks and Stars

I look at the sky and its stars scattered everywhere.
I watch the sea and see rocks bared.
How could we be called "husband and wife"
when here's the husband and there's the wife?
A couple should go out and come back together.
The time is over for me to have a wife.
When love is not fated, love has no life.

Nhìn trên trời thấy sao giăng tứ hướng;
Ngó ra ngoài biển đá dựng tứ bề.
Biết làm sao đặng chữ phu thê?
Đây, chồng; đó, vợ; ra về có đôi.
Mắc mãn có đôi anh hồi về có vợ.
Nghĩ đã đáo đầu không phải duyên nợ thì thôi.

Clear Skies, Clear Sea

Others plant for profit.
I just go out and watch everything:
rilling water, sky, slow clouds,
wind and rain, day, dark night.
Lying on a cozy rock, watching
clear skies, still sea, calm heart.

Người ta đi cấy lấy công,
Tôi đây đi cấy còn trông nhiều bề.
Trông trời, trông nước, trông mây,
Trông mưa, trông gió, trông ngày, trông đêm.
Trông cho chân cứng đá mềm,
Trời trong, bể lặng mới yên tấm lòng.

From Sở Mountain

Sad and lonely, I sew a bag that holds Heaven,
shatters stones, traps elephants, catches the wind.
Sad and lonely, I take out my tape and go measuring,
measuring from Sở Mountain to Lord Buddha.
I tread the sky, measuring wind and clouds.
I drop down to Earth and measure its rivers,
returning right here to measure people, finding
just one who is perfectly pretty, perfectly nice.

Ngồi buồn may túi đựng trời,
Đan xề sảy đá, giết voi xem gió.
Ngồi buồn đem thước đi đo.
Đo từ núi Sở, núi So, chùa Thầy.
Lên trời đo gió; đo mây,
Xuống sông đo nước, về đây đo người.
Đo từ mười tám đôi mươi.
Đo được một người vừa đẹp vừa xinh.

The King Star

The King Star trails nine lesser stars.
I loved you since your mother gave you birth.
The King Star trails nine opposing stars.
I loved you since your mother carried you.
The King Star trails nine stars, side by side.
I loved you since your mother met your father.

Sao Vua chín cái nằm chồng.
Anh thương em từ thuở mẹ bồng trong tay.
Sao Vua chín cái nằm ngang.
Anh thương em từ thuở mẹ mang trong lòng.
Sao Vua chín cái nằm kề.
Anh thương em từ thuở mẹ về với cha.

At the Exiled King's River Pavilion

Evening, and all around the King's pavilion
people are sitting, fishing, sad and grieving,
loving, in love, remembering, waiting, watching.
Whose boat plies the river mists
offering so many river songs
to move these mountains and rivers, our nation?

Trước bến Phu Văn Lâu.
Chiều chiều trước bến Phu Văn Lâu.
Ai ngồi, ai câu, ai rầu, ai thảm,
Ai thương, ai cảm, ai nhớ, ai đợi, ai trông.
Thuyền ai thấp thoáng bến sông,
Đưa chi nhiều câu mái đẩy,
Chạnh lòng nước non.

Notes

The Colonial Troops Transport, p. 20

> The troopship: Vietnamese were pressed into the French army in World War I.

Coins of Vạn-Lịch, p. 23

> Vạn-Lịch: coins minted during the reign of Emperor Lê Thần Tông (1619–1643).

Harmony in the Kingdom, p. 25

> Thuấn, Nghiêu: Vietnamese names for Chinese kings considered model rulers.

The Red Cloth, p. 30

> Red cloth and mirror represent mặt Trời, the "face of Heaven."

Lullaby, p. 31

> Lạc-Hồng, a name for the Vietnamese, playing on the name of their ancestral kingdom, Âu Lạc, and their mythological progenitors, Lạc-Long, a dragon, and Âu Cơ, a fairy spirit, as well as the name of a bird, the Lạc-Hồng, which migrates south each year.

The Ship of Redemption, p. 32

> Linh Mụ or Thiên Mụ, "Pagoda of the Celestial Lady," the name of an octagonal, seven-story pagoda built by the clan lord Nguyễn Hoàng in 1601 to commemorate his encounter with a prophetess and the subsequent founding of Huế. The Great Bell weighs two tons and can be heard in the old capital four

kilometers downriver. The Western Lands of Peace are those of the Buddhist afterlife.

Egret's Death and Funeral Preparations, p. 38
Lady's thumb, *Persicaria orientalis,* a water plant used in the funeral rite.

Tao, p. 39
Mister Sky, or Mr. Blue: Heaven that decides our fates.

Looking Out in All Directions, p. 44
Cà Mau is the southernmost tip of Việt Nam.

Whisky Lovers, p. 45
The Jade Lord is the supreme Taoist deity, reigning in Heaven. The Chinese equivalent of Mr. Sky.

Replies, p. 46
Duyên: love that is fated, binding lovers even through successive incarnations.

The Mandarin Who Couldn't Do Anything, p. 50
Master Lữ/Lữ Cương helped establish the Chinese Chou dynasty but was inept at simple tasks.

Wicked Women, p. 55
Tô Đắc Kỷ, a beautiful seductress, was a demon fox-spirit sent to punish King Trụ for an indiscretion against Heaven.

The Arranged Marriage, p. 57
Cảnh-Hưng: coins minted during the reign of Emperor Lê Cảnh Hưng (1772–1786).

At the Exiled King's River Pavilion, p. 67

Phu Văn Lâu: King Duy Tân's moon-watching pavilion on the Perfume River in Huế. The young king, who ruled from 1907 to 1916, led a brief rebellion against the French and was exiled. This *ca dao* is the only one in the book with a literary author: Thúc Giạ Thi, pen name, "Ưng Bình." (See *Truyện Kiều,* ch. VIII, line 138.) Sometimes literary figures succeeded at inserting poems into the oral tradition, in this case an attempt to stir sentiment for the absent king pursued by French authorities.

About the Translator

John Balaban is the author of eleven books of poetry and prose, including four volumes that together have won the Academy of American Poets' Lamont Prize, a National Poetry Series Selection, and two nominations for the National Book Award. His *Locusts at the Edge of Summer: New and Selected Poems* won the 1998 William Carlos Williams Award from the Poetry Society of America. He is Poet-in-Residence and Professor of English at North Carolina State University in Raleigh.

In addition to translation and writing poetry, fiction, and nonfiction, he is the president of the Vietnamese Nôm Preservation Foundation, translator of the celebrated *Spring Essence: The Poetry of Hồ Xuân Hương,* and a past president of the American Literary Translators association.

*With many thanks to those who guided
my way to these poems:*

Đạo Lê Văn Phúc

Mr. David Thomas

Professor Trần Văn Dỉnh

Mrs. Nguyễn Thị Cẩm

Mr. Nguyễn Văn Mỹ

Professor Trần Văn Khê

Dr. Ngô Thanh Nhàn

& the late Prince N.P. Bửu Hội.

To listen to recordings of *ca dao*, visit
www.johnbalaban.com.

The Chinese character for poetry is made up of two parts: "word" and "temple." It also serves as pressmark for Copper Canyon Press.

Founded in 1972, Copper Canyon Press remains dedicated to publishing poetry exclusively, from Nobel laureates to new and emerging authors. The Press thrives with the generous patronage of readers, writers, booksellers, librarians, teachers, students, and funders — everyone who shares the conviction that poetry invigorates the language and sharpens our appreciation of the world.

THE ALLEN FOUNDATION *for* THE ARTS

PUBLISHERS' CIRCLE

The Allen Foundation for The Arts

Lannan Foundation

National Endowment for the Arts

EDITORS' CIRCLE

The Breneman Jaech Foundation

Cynthia Hartwig and Tom Booster

Emily Warn and Daj Oberg

Washington State Arts Commission

NATIONAL
ENDOWMENT
FOR THE ARTS

For information and catalogs:

COPPER CANYON PRESS
Post Office Box 271
Port Townsend, Washington 98368
360/385-4925
www.coppercanyonpress.org

This book is set in Sabon, designed in
the 1960s by Jan Tschichold, based on
the sixteenth-century types of Claude
Garamond, and in Vsibon, designed
by James Đỗ Bá Phước for typesetting
modern Vietnamese. Book design and
composition by Valerie Brewster,
Scribe Typography. Printed on
archival-quality Glatfelter Author's
Text at McNaughton & Gunn.